¡MANIFIÉSTATE!

PODEROSAS PROTESTAS EN LA HISTORIA DE ESTADOS UNIDOS

ESCRITO POR
Rachel C. Katz

ILUSTRADO POR
Sophie Bass

TRADUCIDO POR
María A. Pérez

Barefoot Books
step inside a story

Nota de la autora

Cuando era estudiante, me encantaba la historia estadounidense. De adulta, me hice maestra de historia estadounidense. La historia me indigna e inspira. Es decepcionante y alentadora. Es complicada porque las personas son complicadas. Como país, aprendemos tanto de nuestros fracasos como de nuestros éxitos. Al estudiar el pasado, entendemos mejor el presente.

La historia estadounidense no comenzó en 1776. Durante miles de años antes de que llegaran los colonos, esta tierra fue el hogar de las naciones indígenas. Los colonos les robaron la tierra que se convertiría en Estados Unidos mediante la violencia, la guerra y el incumplimiento de tratados.

La fundación de Estados Unidos fue un acto de protesta contra el gobierno de Inglaterra. Los colonos basaron el gobierno de su nuevo país en el ideal de que "todos los hombres han sido creados iguales". Pero en realidad, este ideal no incluía a las naciones indígenas ni a las personas negras libres o esclavizadas ni a las mujeres ni a muchos otros grupos.

La Constitución protegió el derecho a la protesta con la Primera Enmienda, de modo que los estadounidenses pudieran manifestarse si su libertad se veía amenazada. Mediante la protesta, los estadounidenses han redefinido la igualdad y la justicia en cada generación.

No todas las protestas son exitosas o positivas. Muchas ayudan a ciertas personas, pero dejan atrás a otras. Todavía hay injusticias en la vida estadounidense y queda mucho por hacer.

Esperamos que este libro sirva como punto de partida para el aprendizaje, la exploración, la discusión y las preguntas. ¿Cómo podemos hacer del mundo un lugar mejor?

— Rachel C. Katz

Nota de la ilustradora

Creo que el arte es una pieza clave del cambio social y del activismo. El arte puede cautivar a la gente, comunicar grandes ideas con claridad e, incluso, permitirnos imaginar un mundo mejor. Quiero que las personas se sientan empoderadas, atraídas y motivadas a la acción al ver mi trabajo.

Crear este libro supuso un desafío extraordinario. El primer paso del proceso fue la investigación. Observé muchas obras de protestas reales en busca de inspiración. Me informé de todos los sucesos que aparecen en el libro. Capturar el espíritu de todo un movimiento en una pequeña ilustración es un desafío apasionante.

Espero que este libro inspire a los jóvenes lectores a alzar su voz para impulsar el cambio, a trabajar en equipo, a pensar cómo mejorar la vida de los demás y la suya propia, a defender sus convicciones. Espero que este libro dé a los jóvenes el valor necesario para efectuar el cambio.

— Sophie Bass

¿Cómo protestan los estadounidenses?

Si en nuestra historia nos han faltado derechos,
se han cometido injusticias o malos hechos,
la gente se expresa. Marchamos valientes.
Cantamos, hablamos y somos conscientes.

Votamos y cuestionamos la sociedad.

¡La protesta es nuestra seña de identidad!

Nuestras acciones muestran nuestra rebelión.
Resaltan un problema, captan la atención.

Los colonos no tenían voz ni voto
en el gobierno, que estaba en un país remoto.
Samuel Adams ideó una misión en protesta
contra los impuestos, y al rey exigirle respuesta.

1773

El Motín del Té

Los Hijos de la Libertad tiraron el té en el puerto de Boston para protestar contra los impuestos británicos. ¿Te interesa saber qué vestían? Vete a la página 38 para descubrirlo.

Esto decían los Hijos de la Libertad:
"El té, en el puerto de Boston terminará".
Y arrojaron por la borda, al fondo del mar,
el té británico que les querían cobrar.

La música es también fuente de transformación, cuando unimos nuestras voces en una canción.

La voz de Marian Anderson era una llama que todos admiraban y a ella dio gran fama. Pero las leyes no la dejaban brillar. A una mujer negra se le prohibía cantar.

Marian se rebeló. No quería un auditorio,
pues podía cantar en un lugar más notorio.
Cambió la letra de una canción conocida
y su interpretación fue altamente concurrida.

1939

El concierto de Marian Anderson en el Monumento a Lincoln

Cuando se le prohibió a Marian Anderson cantar en los lugares segregados, una multitud de casi 75,000 personas, tanto negras como blancas, vieron a Marian cantar desde las escalinatas del Monumento a Lincoln.

Otra fuente de cambio es la palabra escrita.
Señala errores y la lucha facilita.

Un pesticida los alimentos dañó.
A insectos, personas y ambiente envenenó.
Rachel Carson observó y escribió lo que vio.
En *Primavera silenciosa* lo explicó.

1962

Primavera silenciosa

El libro de Rachel Carson, *Primavera silenciosa*, explicaba cómo el pesticida DDT dañaba los cultivos, los insectos y a las personas. El DDT se prohibió. El trabajo de Rachel creó conciencia para proteger el medioambiente.

1906

La jungla

Upton Sinclair fue un periodista que trabajó de incógnito en una planta empacadora de carne en Chicago, Illinois. Descubrió que las fábricas eran sucias, peligrosas y repugnantes. Upton contó sus experiencias en una novela, *La jungla*.

En las plantas cárnicas había mucha mugre.
¡Aserrín en los perros calientes! ¡Qué insalubre!
El libro de Upton Sinclair causó repugnancia,
que trajo consigo leyes de gran importancia.

A veces el arte puede ser muy influyente. Un dibujo o una foto toca a mucha gente.

***Únanse o mueran* (1754)**
Benjamin Franklin dibujó esta caricatura para mostrar a las colonias que debían estar unidas en la guerra franco-indígena.

***Soy un hombre* (1968)**
En Memphis, Tennessee, los trabajadores de limpieza negros se declararon en huelga para protestar contra el racismo y las peligrosas condiciones de trabajo.

***Madre migrante* (1936)**
Las fotografías de Dorothea Lange durante la Gran Depresión atrajeron la atención y la ayuda a las personas necesitadas.

***El cerebro* (1871)** Las caricaturas periodísticas de Thomas Nast eran una protesta contra la corrupción política.

¿Te interesa saber más sobre los artistas? Vete a las páginas 40 y 41.

***Pequeña hilandera* (1909)** Las fotografías de Lewis Hine sobre el trabajo infantil impactaron al público.

***Señor presidente, ¿cuánto deben esperar las mujeres por la libertad?* (1917)** Las mujeres protestaron frente a la Casa Blanca para exigir el derecho al voto.

***Pintura inacabada* (1989)** Keith Haring pintó este cuadro para crear conciencia sobre el SIDA.

***Mayor para combatir, mayor para votar* (1971)** Los jóvenes protestaron para pedir que se redujera la edad para votar de 21 a 18 años.

A veces una protesta nos abre una puerta
a un avance que nuestra conciencia despierta.

Con las normas se quería a las mujeres atar:
nada de estudiar, trabajar o en público hablar.
No podían tener tierras, postularse o votar.
Pero esto no lo iba Lizzie Stanton a tolerar.

1848

La Convención de Seneca Falls

Elizabeth Cady Stanton, Lucretia Mott y otras organizaron la Convención de Seneca Falls para exigir igualdad de derechos para las mujeres. Esta convención dio inicio a la lucha de 72 años por la 19ª Enmienda.

La siguiente generación de activistas (ciudad de Nueva York, 1913)

Reunió a sus amistades en una gran convención.
Sobre el maltrato de las mujeres dio su opinión.
Y en largas jornadas, con discursos y peticiones,
por los derechos de la mujer se dieron razones.

Algunas protestas son solo un primer paso.
Es solo el comienzo. No se fija un plazo.

En las tierras sioux se construyó un oleoducto,
pero ellos protestaron contra ese conducto.
Crearon carteles pidiendo justicia,
corrieron carreras y fueron noticia.

No se hizo justicia y las obras continuaron,
pero los activistas no se desanimaron.
A todos les pedían que el agua cuidaran
y la tierra de los indígenas respetaran.

2016–2017

Protestas por el oleoducto Dakota Access

La tribu sioux de Standing Rock se manifestó contra la construcción de un oleoducto que iba a pasar por sus tierras. Aunque muchas personas protestaron, el gobierno federal construyó el oleoducto según lo previsto.

Para cambiar la ley, a veces nos rebelamos.
Acudimos a los tribunales y luchamos.

"Si estoy esclavizada, en el país no hay libertad".
Elizabeth Freeman luchó por la igualdad.

1781

Brom y Bett contra Ashley

Mum Bett estaba esclavizada en Massachusetts. Demandó a su esclavizador y obtuvo la libertad. Tras ganar, eligió su propio nombre: Elizabeth Freeman. Su caso judicial inspiró a muchos otros y llevó a la decisión de Massachusetts de prohibir la esclavitud.

1898

Estados Unidos contra Wong Kim Ark

Las autoridades estadounidenses consideraban que al ser los padres de Wong Kim Ark chinos, este no era ciudadano. Kim Ark, que había nacido en San Francisco, California, demandó y ganó. Gracias a su caso, todo niño que nazca en Estados Unidos es oficialmente ciudadano estadounidense.

Wong Kim Ark luchó por su ciudadanía,

un derecho que por fin conseguiría.

1967 y 2015

***Loving contra Virginia* (1967) y *Obergefell contra Hodges* (2015)**

En *Loving contra Virginia* (1967) se legalizó el matrimonio interracial. En *Obergefell contra Hodges* (2015) se legalizó el matrimonio entre personas del mismo sexo.

Gracias a los casos que llegaron a ganarse,

ni género ni raza es problema para casarse.

Algunos manifestantes creen en la paz
para combatir la injusticia de forma eficaz.

En Woolworth's, cuatro estudiantes se sentaron,
y en protesta al racismo, sentados se quedaron.
En un principio, solo cuatro se atrevieron,
y como no los atendieron, otros se unieron

1960

Las sentadas de Greensboro

Cuatro estudiantes negros pidieron que se les atendiera en la cafetería de una tienda por departamentos de Greensboro, Carolina del Norte. Se les negó el servicio por ser negros. Cada día, más personas se unían a su protesta pacífica.

contra la segregación, aunque les gritaran,
echaran kétchup u objetos les lanzaran.
Con paz y firmeza, los estudiantes exigían
la atención que a toda persona correspondía.

Pudiera ser necesaria otra forma de expresión.
La resistencia es posible si no hay otra solución.

Al inicio de la guerra, Robert Smalls fue esclavizado.
Cuando quedó a cargo del barco en el que trabajaba,
Robert decidió aprovechar la oportunidad
para huir con su familia hacia la libertad.

1862

La fuga de Robert Smalls

Robert Smalls, un hombre esclavizado, piloteó en secreto un barco de la Confederación desde el puerto de Charleston. Liberó a 16 personas de la esclavitud y ayudó a la Unión a ganar la guerra de Secesión.

El barco piloteó y todos los fuertes burló,
usando las señales que un buen día aprendió.
Llevó su barco al Norte y a su ejército se unió.
Luchó por la libertad y en la guerra ayudó.

Nos rebelamos al decir: "¡Aquí estamos! Somos valiosos, ¡y de aquí no nos vamos!".

**En el autobús, metro, tiendas, escuela o trabajo,
no había rampas ni ascensores ni posible atajo.
Sin la ayuda de sillas o de sus dispositivos,
subieron al Capitolio y lograron sus objetivos.**

1990

La Protesta del Arrastre en el Capitolio

Los activistas dejaron sus sillas de ruedas, muletas y otros dispositivos de movilidad al pie de las escalinatas del Capitolio y se arrastraron hasta la cima. Esta protesta convenció al Congreso de que debía aprobar la Ley para Estadounidenses con Discapacidades. ¿Quién es la niña rubia de la ilustración? Vete a la página 45 para descubrirlo.

1970

Los primeros desfiles del Orgullo

Los primeros desfiles del Orgullo tuvieron lugar en junio de 1970. Miles de personas LGBTQ+ se congregaron para mostrar orgullo por su identidad y exigir igualdad de derechos.

Las personas *queer*, hartas de la discriminación, decidieron dar comienzo a una nueva tradición. Desfilaron por las calles, sin esconderse más, en orgullosa demostración de su identidad.

Marcharse es también una forma de protestar, al igual que negarse a trabajar o a pagar.

1909

El Levantamiento de las 20,000

El discurso de Clara Lemlich dio inicio a una huelga conocida como el Levantamiento de las 20,000. Al finalizar la huelga, los dueños de las fábricas habían aceptado muchas de las demandas de Clara, como vacaciones pagadas y mejores horarios.

Las mujeres trabajaban doce horas seguidas
por muy poco dinero y con las manos heridas.
Clara Lemlich levantó su puño al cielo:
"¡Vámonos a huelga, armemos un revuelo!".

1965

Huelga de la uva en Delano

La Asociación Nacional de Trabajadores Agrícolas decidió ayudar a los trabajadores filipinos en huelga, instando a la gente a boicotear las uvas. Otros grupos, entre ellos la NAACP, se unieron al boicot. ¿Te interesa la pancarta? Vete a la página 46 para más información.

Recoger uvas al sol era duro y peligroso.
Muchos grupos se unieron en un boicot valeroso.
"¡No compren uvas si no se protege al trabajador!".
Si estamos unidos, protestamos con más vigor.

A veces, en la unión está la revolución.
Al trabajar juntos, se encuentra la solución.

Al río Klamath, una presa no lo dejaba fluir.
Los peces no desovaban ni tenían adónde ir.
Los indígenas se alzaron: "Este es nuestro hogar.
El río es nuestro latido. ¡Libre debe estar!".

Tras años de oraciones, peticiones y protestas,
se demolieron las presas y esa fue la respuesta.
La naturaleza sanó y volvieron los salmones,
gracias a la comunidad y sus arduas acciones.

2002–2024

Liberen el río Klamath

El movimiento Liberen el río Klamath, liderado por activistas indígenas, condujo a la demolición de las dañinas presas del río Klamath, cerca de la frontera entre California y Oregón.

A veces, basta con una sola persona:
una sola semilla que el cambio ocasiona.

En un juicio muy conocido, la Corte Suprema dejó claro que la segregación era un problema. Separar a los niños por su raza era ilegal. Ruby Bridges iba a la escuela blanca local,

1960

El primer día de escuela de Ruby Bridges

Ruby Bridges se convirtió en la primera niña negra en asistir a una escuela primaria que había sido solo para blancos. Los padres blancos no querían que sus hijos fueran a la escuela con Ruby, así que iba sola a clase y al recreo. Nunca faltó a clases.

pero muchos se oponían con violencia.
Los padres blancos no querían su presencia.
Pero Ruby no se detuvo. Aprendió y creció.
Con su ejemplo, a otros niños ayudó e inspiró.

Al mirar al pasado, vemos lo que hemos ganado,
pero no todas las batallas se han terminado.

Por los héroes de la música, el arte y la historia,
sabemos que la compasión es también necesaria.

Usa tu mente y tu voz; busca tu propia misión.
¡Une fuerzas! ¡Qué larga y orgullosa tradición!

Para denunciar la injusticia y crear esperanza,
necesitamos de tus protestas y tu confianza.

Cronología de los sucesos

¿Qué pasó antes de los sucesos de este libro?

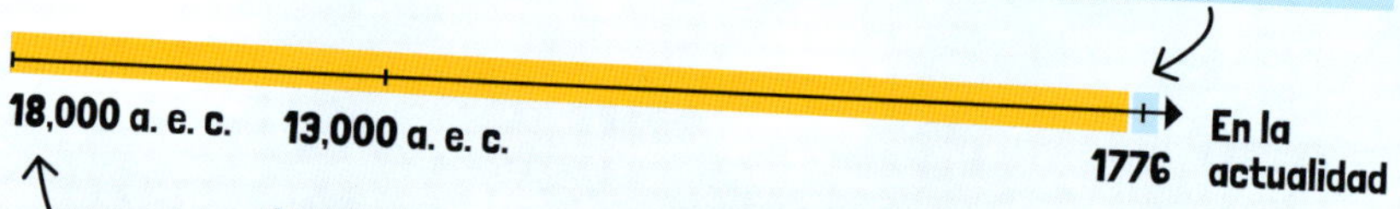

Las naciones indígenas han vivido en América del Norte al menos desde entonces.

La mayoría de las investigaciones apuntan a que las naciones indígenas han vivido en América del Norte de 15,000 a 20,000 años.

1754
Únanse o mueran
Benjamin Franklin

1776
Declaración de la Independencia

1773
Motín del Té

1781
Brom y Bett contra Ashley

1775-1783 Revolución estadounidense

1862
Fuga de Robert Smalls

1848
Convención de Seneca Falls

*IGUALDAD PARA LAS MUJERES

1871
El cerebro
Thomas Nast

1861-1865 Guerra de Secesión

1750 1760 1770 1780 1790 1800 1810 1820 1830 1840 1850 1860 1870 1880

1898
Estados Unidos contra Wong Kim Ark

1906
La jungla
Upton Sinclair

1909
Levantamiento de las 20,000

1909
Pequeña hilandera
Lewis Hine

1917
"Señor presidente, ¿cuánto tiempo deben esperar las mujeres por la libertad?"

1936
Madre migrante
Dorothea Lange

1939
Concierto de Marian Anderson en el Monumento a Lincoln

1960
El primer día de escuela de Ruby Bridges

1960
Sentadas de Greensboro

1962
Primavera silenciosa
Rachel Carson

1965
Huelga de la uva en Delano

1967
Loving contra Virginia

1968
"Soy un hombre"

1970
Primeros desfiles del Orgullo

*DÍA DE LA LIBERACIÓN GAY EN LA CALLE CHRISTOPHER 1970

1971
"Mayor para combatir, mayor para votar"

1989
Pintura inacabada
Keith Haring

1990
La Protesta del Arrastre en el Capitolio

2002–2024
Liberen el río Klamath

2015
Obergefell contra Hodges

2016–2017
Protestas por el oleoducto Dakota Access

1900 1910 1920 1930 1940 1950 1960 1970 1980 1990 2000 2010 2020 2030

Mapa de los sucesos

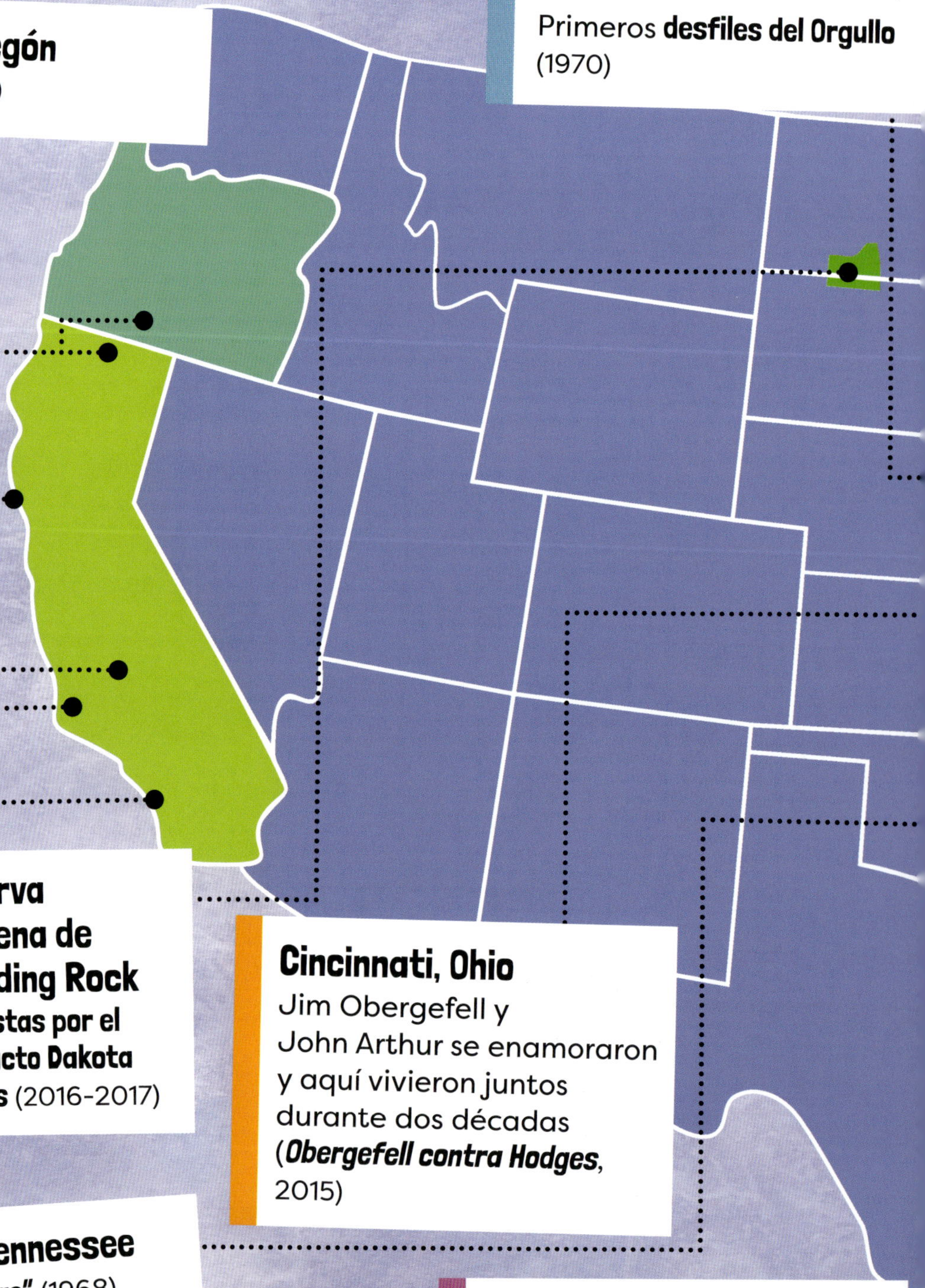

Chicago, Illinois
Uptown Sinclair escribió ***La jungla*** (publicado en 1906)
Primeros **desfiles del Orgullo** (1970)

Río Klamath, California y Oregón
Liberen el río Klamath (2002-2024)

San Francisco, California
A Wong Kim Ark no se le permitió regresar a Estados Unidos (***Estados Unidos contra Wong Kim Ark***, 1898)

Delano, California
Huelga de la uva en Delano (1965)

Nipomo, California
Dorothea Lange tomó la fotografía ***Madre migrante*** (1936)

Los Ángeles, California
Primeros **desfiles del Orgullo** (1970)

Reserva indígena de Standing Rock
Protestas por el oleoducto Dakota Access (2016-2017)

Cincinnati, Ohio
Jim Obergefell y John Arthur se enamoraron y aquí vivieron juntos durante dos décadas (***Obergefell contra Hodges***, 2015)

Por todo el país
"Mayor para combatir, mayor para votar" (1971)

Memphis, Tennessee
"Soy un hombre" (1968)

Nueva Orleans, Luisiana
Ruby Bridges asistió a su primer día de escuela (1960)

Filadelfia, Pensilvania
Benjamin Franklin dibujó la caricatura ***Únanse o mueran*** (1754)

Sheffield, Massachusetts
Elizabeth Freeman puso una demanda judicial por su libertad (***Brom y Bett contra Ashley***, 1781)

Boston, Massachusetts
Motín del Té (1773)

Ciudad de Nueva York, Nueva York
Thomas Nast dibujó la caricatura ***El cerebro*** (1871)

Levantamiento de las 20,000 (1909)

Primeros **desfiles del Orgullo** (1970)

Keith Haring pintó ***Pintura inacabada*** (1989)

Seneca Falls, Nueva York
Convención de Seneca Falls (1848)

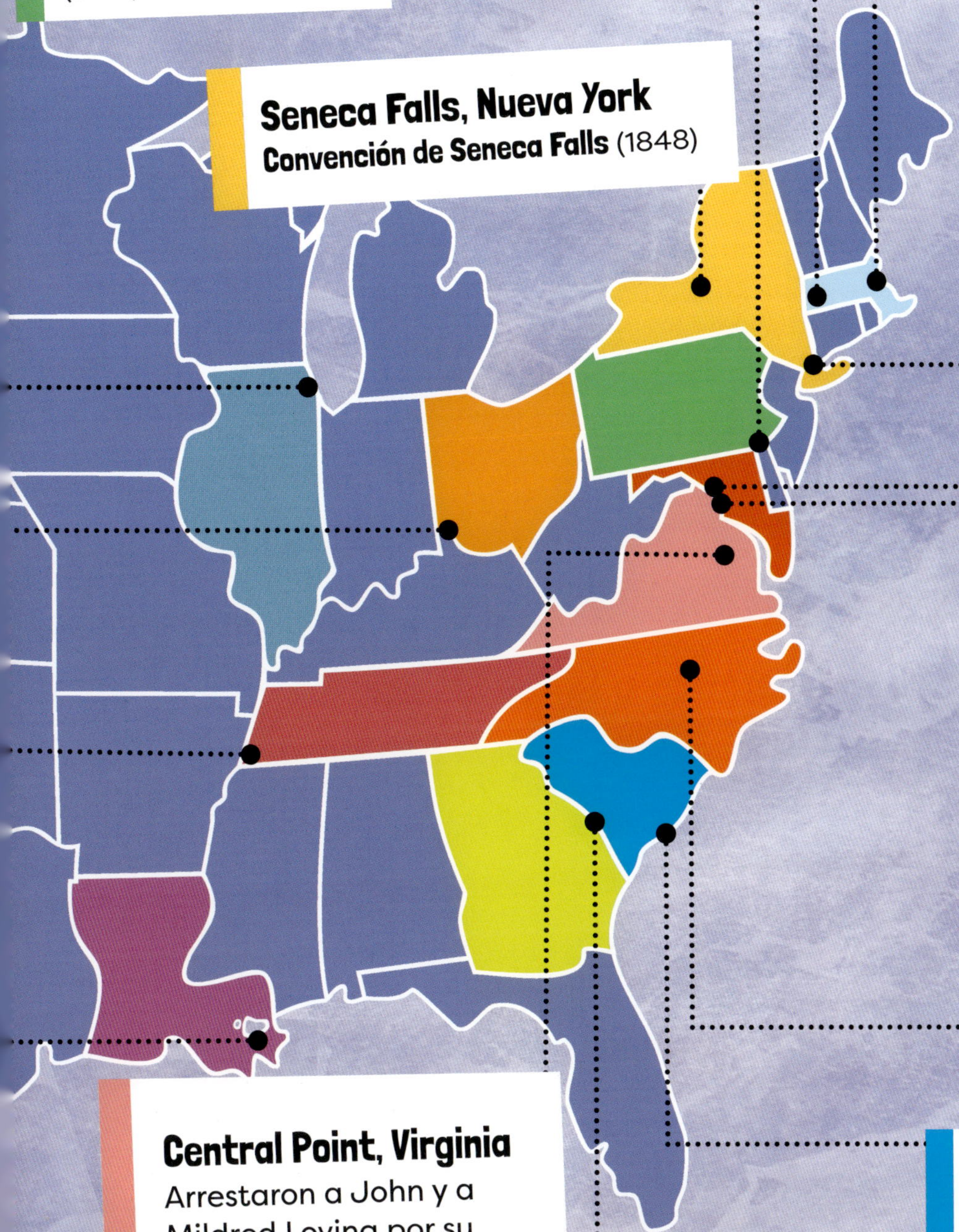

Silver Spring, Maryland
Rachel Carson escribió ***Primavera silenciosa*** (publicado en 1962)

Washington, D. C.
"Señor presidente, ¿cuánto tiempo deben esperar las mujeres por la libertad?" (1917)

Marian Anderson cantó en el Monumento a Lincoln (1939)

Protesta del Arrastre en el Capitolio (1990)

Greensboro, Carolina del Norte
Sentadas de Greensboro (1960)

Central Point, Virginia
Arrestaron a John y a Mildred Loving por su matrimonio interracial (***Loving contra Virginia***, 1967)

Charleston, Carolina del Sur
Roberts Smalls se fugó (1862)

Augusta, Georgia
Lewis Hine tomó la fotografía ***Pequeña hilandera*** (1909)

El Motín del Té (1773)

- En diciembre de 1773 tres barcos, Beaver, Dartmouth y Eleanor, estaban en el puerto de Boston cargados de té caro. El gobierno británico quería que los colonos pagaran impuestos de aduanas sobre el té. Los Hijos de la Libertad era un grupo de colonos a quienes les enojaba tener que pagar ese impuesto y querían liberarse del dominio británico. Samuel Adams (1722–1803), uno de sus líderes, tenía un plan.

- La noche del 16 de diciembre los Hijos de la Libertad abordaron los barcos en secreto. ¡Tiraron el té por la borda! Querían asegurarse de que el té fuera destruido. Durante los días siguientes, registraron la zona en botes y hundían con sus remos cualquier paquete de té que flotara en el agua.
- Los rebeldes que abordaron los barcos llevaban trajes que imitaban la vestimenta de los pueblos indígenas. Se ataron mantas por los hombros y se oscurecieron la cara con hollín. Algunos historiadores piensan que era para ocultar su identidad. Otros afirman que era para demostrar su vínculo con el lugar donde vivían. Fueran cuales fueran sus intenciones, vestirse así fue una falta de respeto. Mientras protestaban por sus propios derechos, los colonos pasaron por alto cómo habían pisoteado el derecho de los pueblos indígenas a vivir ahí.
- Los británicos estaban furiosos por lo que los colonos habían hecho con el té. Para castigarlos, cerraron el puerto de Boston. Esto solo reafirmó la determinación de los colonos de luchar contra el dominio británico. No tardaría en comenzar la guerra de la Independencia.

El concierto de Marian Anderson en el Monumento a Lincoln (1939)

- Marian Anderson (1897–1993) nació en Filadelfia, Pensilvania. Se unió al coro de su iglesia a la edad de seis años y pronto se hizo famosa como “La Bebé Contralto”. Pero ya de adulta, se le impidió acceder a muchas oportunidades de actuación en Estados Unidos porque era negra. Ganó una beca para estudiar en Europa. Conoció al famoso director de orquesta Arturo Toscanini, quien comentó que una voz como la de Marian se escucha solo “una vez cada cien años”.
- Con el tiempo, Marian regresó a Estados Unidos. Cuando intentó actuar en el Constitution Hall de Washington, D. C., le dijeron que no. El Constitution Hall no permitía la presencia de artistas negros y tenía asientos segregados: las personas negras y blancas no podían sentarse juntas.
- Finalmente, el secretario del Interior Harold Ickes, la primera dama Eleanor Roosevelt y la Universidad Howard hicieron posible que Marian cantara en el Monumento a Lincoln ante 75,000 personas, tanto negras como blancas. Marian cambió la letra de “My Country ‘Tis of Thee” de “canto” a “cantamos” para protestar en contra de la segregación. Estados Unidos debe ser una “dulce tierra de libertad” para todos.

La jungla (1906)

- Upton Sinclair (1878–1968) era periodista de investigación: alguien que usaba sus textos para llamar la atención sobre los problemas de la sociedad estadounidense. Durante siete semanas en 1904, Upton trabajó de forma encubierta en una planta empacadora de carne de Chicago. ¡Vio cosas terribles! Estas plantas estaban sucias, la carne podrida y los trabajadores enfermos y lesionados.
- Upton incluyó todo lo que descubrió en su novela, *La jungla*. Los lectores se sintieron asqueados: "Apunté al corazón del público y por accidente le di en el estómago", dijo Upton. La gente exigió un cambio.
- En 1906 el gobierno aprobó la Ley de Pureza de Alimentos y Medicamentos. Por primera vez el gobierno supervisaría la producción de alimentos para asegurarse de que las personas tuvieran más seguridad y protección.

Primavera silenciosa (1962)

- Rachel Carson (1907–1964) era bióloga marina y escritora sobre la naturaleza. Quería que los lectores supieran que el mundo era como una red; las plantas, los animales, las personas, el agua y el suelo están todos vinculados.
- En 1958 un amigo le escribió una carta donde le decía que muchas aves morían debido al uso del pesticida DDT. La gente fumigaba DDT para matar insectos que transmitían enfermedades y se comían los cultivos. Rachel decidió investigar y publicó sus descubrimientos en un libro llamado *Primavera silenciosa*.
- En su libro, Rachel explicó cómo el DDT mataba a los animales y dejaba veneno en el agua y el suelo durante años después de haberse rociado. También envenenaba a las personas. Mostró a los lectores su evidencia y nombró a todos los expertos que consultó.
- Gracias a Rachel, el gobierno estadounidense prohibió permanentemente el DDT. El trabajo de Rachel demostró cómo pueden las personas ayudar o hacer daño a la naturaleza. Fue una de las fundadoras del movimiento de conservación medioambiental.

Benjamin Franklin (1706–1790) era político, inventor, artista y escritor. Fue uno de los firmantes de la Constitución de Estados Unidos. Publicó esta caricatura en su periódico, *La Gaceta de Pensilvania*, en 1754. Cada segmento de la serpiente representa una de las 13 colonias. Esta caricatura advierte que, al igual que los trozos de la serpiente, las colonias solo pueden sobrevivir si se unen.

*ÚNANSE, O MUERAN

Dorothea Lange (1895–1965) era fotógrafa. Esta fotografía, de 1936, forma parte de la serie de Dorothea sobre la difícil vida de los trabajadores agrícolas migrantes, personas que solían viajar por el país en busca de trabajo durante la Gran Depresión. Gracias a las fotos de Dorothea, el gobierno proporcionó alimentos y ayuda a algunas de estas personas necesitadas.

*SOY UN HOMBRE

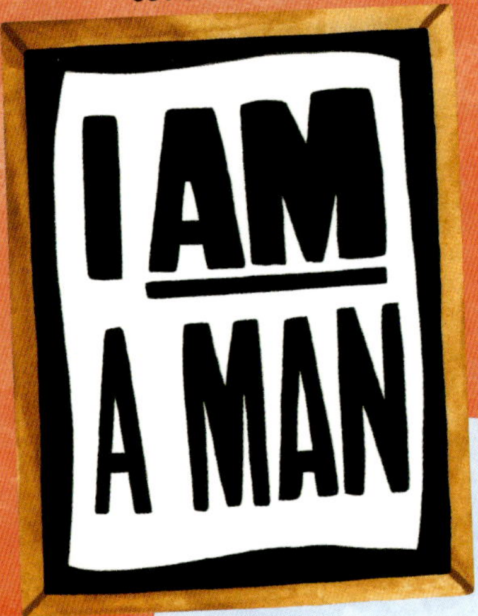

Thomas Nast (1840–1902) era caricaturista político. Creó muchas imágenes famosas, entre ellas el elefante mascota del Partido Republicano. Thomas dibujó esta caricatura para protestar contra William "Boss" Tweed, un político corrupto de la ciudad de Nueva York que usaba su poder para infringir la ley a cambio de dinero.

Huelga de los trabajadores de limpieza

Estos trabajadores recolectan la basura y mantienen limpia la ciudad. En Memphis, Tennessee, a los trabajadores negros se les pagaba mucho menos que a los trabajadores blanco a pesar de realizar el mismo trabajo difícil, peligroso y desagradable. Los trabajadores se declararon en huelga. Los huelguistas marcharon con carteles con la leyenda "Soy un hombre". Martin Luther King, Jr. estaba en Memphis para apoyar a estos trabajadores cuando lo asesinaron el 4 de abril de 1968.

Lewis Hine

Lewis Hine (1874–1940) era un fotógrafo del Comité Nacional del Trabajo Infantil, un grupo que quería prohibir el trabajo infantil. Tomó fotografías de niños trabajando en lugares, como minas y fábricas, que eran peligrosos incluso para los adultos. El público se horrorizó y en 1938 el Congreso aprobó una ley que prohibía el trabajo infantil opresivo.

Las Centinelas Silenciosas

Las Centinelas Silenciosas fue un grupo de mujeres que, a partir de 1917, protestaron pacíficamente frente a la Casa Blanca durante la presidencia de Woodrow Wilson. Portaban pancartas exigiendo el derecho al voto. Muchas fueron arrestadas, pero continuaron protestando hasta que el Congreso las escuchó. La 19ª Enmienda, que dio a las mujeres el derecho al voto, se añadió a la Constitución en 1920.

*SEÑOR PRESIDENTE, ¿CUÁNTO DEBEN ESPERAR LAS MUJERES POR LA LIBERTAD?

*MAYOR PARA COMBATIR, MAYOR PARA VOTAR

Keith Haring

Keith Haring (1958–1990) fue un artista que pintó imágenes valientes y llenas de movimiento. Usó su arte para crear conciencia sobre el SIDA, una terrible enfermedad para la que no existía aún tratamiento. Creó esta pintura en 1989, cuando estaba enfermo de SIDA. Representaba las muchas vidas truncadas por esta enfermedad.

Protestas por la edad mínima para votar

Durante la guerra de Vietnam, los soldados debían tener 18 años para ir al ejército, pero la edad para votar era de 21 años. Muchos jóvenes protestaron: si tenían edad para combatir, tenían edad para votar. En 1971, la 26ª Enmienda a la Constitución redujo la edad para votar a los 18 años.

La Convención de Seneca Falls (1848)

- Elizabeth Cady Stanton (1815–1902) asistió en 1840 a una convención contra la esclavitud en Londres. Le sorprendió que las mujeres tuvieran que sentarse detrás de una cortina y que no se les permitiera hablar. Esta convención la hizo dudar de "las opiniones de los hombres sobre el carácter y el ámbito de influencia de las mujeres". ¿Por qué podían los hombres determinar de qué eran capaces o qué podían hacer las mujeres?
- Con amigas, entre ellas Lucretia Mott (1793–1880), Martha Coffin Wright (1806–1875) y Mary Ann M'Clintock (1800–1884), Elizabeth organizó en 1848 una convención sobre los derechos de las mujeres en Seneca Falls, Nueva York. Escribieron una Declaración de Sentimientos para exigir que se tratase a las mujeres como miembros iguales de la sociedad, incluso con derecho a voto.
- Esta convención inició un movimiento. Las mujeres trabajaron y se organizaron durante décadas. Celebraron convenciones, firmaron peticiones, dieron discursos y escribieron a los políticos. Marcharon y publicaron artículos periodísticos. En la década de 1910, algunas activistas por el sufragio femenino incluso manejaban sus propios automóviles al buscar apoyo, una señal de que los tiempos estaban cambiando.
- Se necesitaron 72 años y trabajo muy duro para que el sueño de Elizabeth de que las mujeres pudieran votar se hiciera realidad. La 19ª Enmienda, que le concede a las mujeres el derecho al voto, se agregó a la Constitución en 1920. Si bien esta victoria fue un paso importante, la 19ª Enmienda no otorgó el derecho al voto a todas las mujeres. El derecho al voto a nivel nacional de algunas mujeres, como las mujeres negras y las indígenas, aún estaba a años de distancia.

Protestas por el oleoducto Dakota Access (2016-2017)

- En 2016, el gobierno federal decidió construir un oleoducto que pasaría por debajo del lago Oahe en Dakota del Norte. La tribu sioux de Standing Rock no quería que se construyera el oleoducto. Les preocupaba que este contaminara su agua potable y dañara los lugares sagrados de la tribu. El gobierno ya había robado tierras de los sioux en numerosas ocasiones. Este oleoducto parecía otro robo más.
- Los manifestantes se congregaron cerca de la obra del oleoducto. Las tribus sioux de Standing Rock, Cheyenne River y Rosebud se unieron a sus aliados, entre ellos políticos y personas famosas. Muchos jóvenes también se unieron para protestar. Un grupo de jóvenes participó en una carrera de relevos desde Standing Rock hasta Washington, D. C. Llevaron una petición al gobierno con casi 140,000 firmas.
- A pesar de las protestas, el gobierno federal construyó el oleoducto. Las organizaciones indígenas siguieron protestando por sus derechos y por el acceso a agua limpia. Gracias a estas protestas, muchas personas se enteraron del importante papel del agua en la cultura indígena, no solo para la salud, sino también para la medicina tradicional, la historia y las ceremonias culturales.

Brom y Bett contra Ashley (1781)

- Antes de ser libre, Elizabeth Freeman (¿?–1829) era conocida como Mum Bett. Oyó a su esclavizador y a otros hombres blancos hablar de libertad y derechos. “Si todos los hombres fueron creados iguales”, pensó Bett, “¿por qué ella no era igual y libre?”. Un abogado llamado Theodore Sedgwick le dio la razón. Tomó el caso de Bett y juntos presentaron una demanda por su libertad.
- En 1781 se dictó sentencia en el caso. Los jueces dictaminaron que Bett era libre. Gracias a su valentía, la esclavitud no tardó en ser ilegal en Massachusetts. Bett cambió su nombre a Elizabeth Freeman. Se convirtió en trabajadora de hogar, partera y enfermera.

Estados Unidos contra Wong Kim Ark (1898)

- Wong Kim Ark (1873–¿?) nació en San Francisco, de padres chinos. En esa época, muchos inmigrantes chinos habían llegado a Estados Unidos para trabajar en el ferrocarril transcontinental. Se enfrentaban a prejuicios y discriminación. En 1882 el Congreso aprobó la Ley de Exclusión China, que impedía que los chinos emigraran a Estados Unidos o adquirieran la ciudadanía.
- Kim Ark viajó a China a visitar a su familia. A su regreso en 1895, fue detenido y encarcelado. Los funcionarios creían que no podía ser ciudadano porque sus padres eran chinos. El caso de Kim Ark llegó a la Corte Suprema, que dictaminó que toda persona nacida en Estados Unidos, incluido Kim Ark, era ciudadana de Estados Unidos.

Loving contra Virginia (1967)

- Hasta este caso en la Corte Suprema, el matrimonio interracial era ilegal en muchos estados. En junio de 1958, Mildred Jeter (1939–2008), de ascendencia negra e indígena, se casó con Richard Loving (1933–1975), que era blanco. Se casaron en Washington, D. C., donde su matrimonio era legal. Sin embargo, cuando regresaron a su hogar en Virginia, fueron arrestados por violar la ley. Un juez les dijo que debían irse de Virginia y no regresar. De lo contrario, irían a la cárcel.
- En 1963, después de más de cinco años de matrimonio, Mildred y Richard encontraron abogados que se hicieron cargo de su caso. El 12 de junio de 1967, la Corte Suprema dictaminó que el matrimonio interracial era legal. Este caso marcó un hito en el movimiento por los derechos civiles. Los futuros jueces de la Corte Suprema tomaron en cuenta el caso de Loving en el dictamen de *Obergefell contra Hodges*.

Obergefell contra Hodges (2015)

- Antes de este caso, algunos estados permitían el matrimonio entre personas del mismo sexo y otros no. Las parejas LGBTQ+ querían que sus matrimonios fueran legales en todo Estados Unidos. Las parejas heterosexuales casadas podían adoptar un niño, incluir ambos nombres en el certificado de nacimiento y recibir otros beneficios. Las parejas del mismo sexo querían que las ventajas del matrimonio se aplicaran por igual a todos.
- Muchas personas LGBTQ+ se unieron en una demanda, entre ellos Jim Obergefell (1966–). Jim se había casado con su pareja, John Arthur (1965–2013), en Maryland porque el matrimonio homosexual no era legal en Ohio, donde Jim y John habían vivido.
- La Corte Suprema emitió su dictamen sobre este caso en 2015. El matrimonio entre personas del mismo sexo era ahora legal en todo el país. El juez Anthony Kennedy escribió que las personas LGBTQ+ “reclaman igualdad de dignidad ante la ley. La Constitución les otorga ese derecho”.

Las sentadas de Greensboro (1960)

- El primero de febrero de 1960, cuatro estudiantes negros, David Richmond (1941–1990), Franklin McCain (1941–2014), Joseph McNeil (1942–2025) y Ezell Blair Jr. (posteriormente conocido como Jibreel Khazan) (1941–), se sentaron a la barra de la cafetería de Woolworth's, una tienda por departamentos en Greensboro, Carolina del Norte. Esta barra era solo para blancos. Los estudiantes sabían que no los atenderían. Estaban allí para protestar contra la segregación y el racismo. Permanecieron sentados hasta que la tienda cerró.
- Al día siguiente, los estudiantes regresaron con 25 amigos. La gente inició sentadas pacíficas en todo el país. Para abril, más de 50,000 personas participaban en sentadas.
- Los manifestantes se enfrentaban al odio y la violencia. Les gritaban, golpeaban y arrojaban comida y bebida. La gente llamaba con falsas amenazas de bomba para que los manifestantes se marcharan. Pero se quedaron y, a pesar de todo, no respondieron con violencia.
- La gente empezó a boicotear Woolworth's. La tienda perdió tanto dinero que cambió su política y comenzó a atender a clientes negros. Estas sentadas inspiraron la creación del Comité Coordinador Estudiantil No violento (SNCC, por sus siglas en inglés), una organización que ayudó a liderar el creciente movimiento por los derechos civiles.

La fuga de Robert Smalls (1862)

- Robert Smalls (1839–1915) nació esclavizado en Carolina del Sur. Cuando era adolescente, trabajaba descargando barcos en el puerto de Charleston y pronto aprendió a pilotear barcos de vapor. Robert se enamoró y se casó con una mujer llamada Hannah. Él sabía que por mucho que trabajara, nunca ganaría suficiente dinero para comprar su libertad y la de Hannah.
- El 12 de mayo de 1862 la tripulación blanca de un barco, el Planter, desembarcó para pasar la noche, dejando a Robert a cargo de la tripulación esclavizada. A las 3:00 a. m., Robert llevó el barco a un muelle cercano y recogió a Hannah y a las familias de los tripulantes negros. Zarpó del puerto y pasó por cinco fuertes de la Confederación. Si hubieran detenido a Robert, todas las personas a bordo habrían muerto. Por suerte, conocía todas las señales confederadas, así que le permitieron pasar sin ser detectado.
- Robert entregó el Planter al ejército de la Unión. Él, Hannah, la tripulación y sus familias (¡16 personas!) eran ahora libres. Lo contrataron para pilotear barcos de la Unión y sirvió heroicamente en la guerra de Secesión. Tras la victoria de la Unión, Robert se convirtió en congresista y trabajó al servicio de la gente de Carolina del Sur, donde se había criado.

La Protesta del Arrastre en el Capitolio (1990)

- El 12 de marzo de 1990, una organización conocida como ADAPT por sus siglas en inglés, organizó una protesta en Washington, D. C. para exigir la aprobación de una nueva ley que garantizara los derechos de las personas con discapacidad.
- Mayores y jóvenes se unieron a la protesta. Querían que todos vieran lo difícil que era desplazarse por espacios públicos para las personas con discapacidad. Estaban cansados de que se les ocultara o separara de los demás.
- Los activistas dejaron sus dispositivos de movilidad al pie de las escalinatas del Capitolio y subieron arrastrándose, lo cual les llevó horas. Las personas aliadas los animaban. Jennifer Keelan (1981–), de ocho años de edad, era una de las activistas. Se había visto obligada a tomar clases separada de sus compañeros porque iba en silla de ruedas. Las cámaras la grabaron en su ascenso y Jennifer se negó a rendirse. Dijo: "¡Me tomaré toda la noche si es necesario!". (La imagen de la Protesta del Arrastre en el Capitolio se basa en fotografías de Tom Olin).
- Gracias en parte a Jennifer y a los demás activistas de ADAPT, el Congreso aprobó la Ley para Estadounidenses con Discapacidades (ADA, por sus siglas en inglés). Esta ley transformó los espacios públicos, el transporte y las escuelas, haciendo más lugares accesibles para personas con discapacidades.

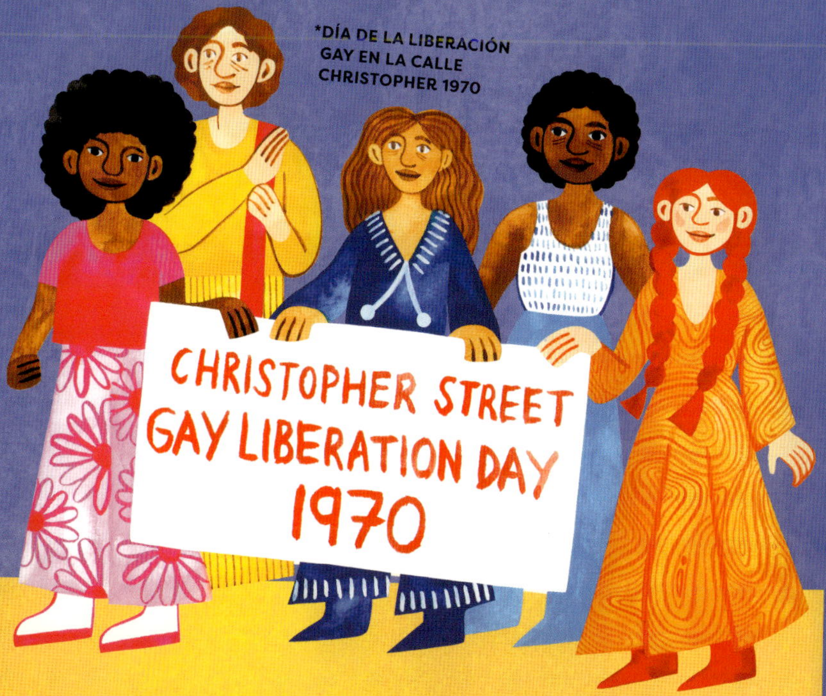

Los primeros desfiles del Orgullo Gay (1970)

- Durante muchos años se presionó a las personas LBGTQ+ para que ocultaran su identidad. Era legal arrestar o despedir del trabajo a una persona por ser gay. Quienes hacían daño o acosaban a las personas *queer* solían quedar impunes.
- Algunos activistas estaban cansados de ocultarse. ¡Estaban orgullosos de ser quienes eran! Planificar un desfile era arriesgado, pues sabían que se enfrentaban a terribles consecuencias al mostrarse públicamente con orgullo. Pero a pesar de todo, decidieron organizar los desfiles.
- En junio de 1970, se celebraron desfiles del Orgullo Gay en muchas ciudades como Nueva York, Chicago y Los Ángeles.
- Esto sirvió de inspiración a muchas otras ciudades, estados y países para organizar sus propios eventos del Orgullo. Millones de personas participan en desfiles del Orgullo cada año.

El Levantamiento de las 20,000 (1909)

- Clara Lemlich (1886–1982) era una de las organizadoras del Sindicato Internacional de Trabajadoras de la Confección Femenina, que luchaba por obtener condiciones laborales justas para las numerosas jóvenes que cosían ropa en fábricas. La mayoría de estas trabajadoras, como Clara, eran adolescentes judías inmigrantes.
- En 1909, Clara dio un discurso en Cooper Union instando a los trabajadores a la huelga. Inspiradas por su discurso, miles de jóvenes mujeres abandonaron sus máquinas. La huelga se conoce como el Levantamiento de las 20,000, pero más de 30,000 trabajadores se unieron a la causa. Durante la huelga, Clara resultó herida y fue arrestada 17 veces. Aun así, siguió participando para exigir derechos para los trabajadores.
- Al final de la huelga, miles de trabajadores se habían unido al sindicato. Otros trabajadores textiles se inspiraron en el ejemplo de Clara para iniciar sus propias huelgas.

La huelga de la uva en Delano (1965)

- Cuando los trabajadores filipinos de la uva se declararon en huelga en 1965 para protestar por los bajos salarios, los pesticidas peligrosos y las malas condiciones de trabajo, sabían que corrían un gran riesgo. La mayoría vivía en casas propiedad de los viticultores, por lo que podían perder su trabajo y su casa. Aun así, decidieron irse a huelga.
- Muchas otras organizaciones decidieron ayudar. La Asociación Nacional de Trabajadores Agrícolas (NFWA, por sus siglas en inglés), cuyos afiliados eran principalmente de ascendencia mexicana, decidió que era importante mostrar solidaridad con los trabajadores filipinos del Comité Organizador de Trabajadores Agrícolas (AWOC, por sus siglas en inglés). Se unieron a la huelga. Dolores Huerta (1930–), una de las organizadoras de la NFWA, llevaba un cartel en el que se leía "HUELGA".
- Junto con otras organizaciones, entre ellas la Asociación Nacional para el Progreso de las Personas de Color (NAACP, por sus siglas en inglés), convocaron a un boicot. Instaron a la gente a dejar de comprar uvas en los supermercados hasta que se cumplieran las demandas de los trabajadores agrícolas. Casi 17 millones de estadounidenses dejaron de comprar uvas. En 1970 los viticultores firmaron contratos más justos con los trabajadores.

Liberen el río Klamath (2002-2024)

- Entre 1918 y 1962, una compañía llamada PacifiCorp, con el respaldo del gobierno de EE. UU., construyó varias presas en el río Klamath en la frontera entre California y Oregón para generar electricidad para la región. Las presas impedían el paso de los salmones a sus zonas tradicionales de desove. Esto fue algo catastrófico para muchas naciones indígenas, entre ellas los klamath, karuk, yurok y hupa, quienes habían dependido de la pesca en el Klamath durante siglos. La población de peces se redujo de tal manera que el gobierno promulgó leyes que prohibían por completo la pesca.
- Generaciones de pueblos indígenas protestaron contra las presas del Klamath, que dañaban muchos aspectos del ecosistema como los peces, las plantas, los alces y ciervos, los árboles y la calidad del agua. En ese entorno dañado, era más difícil que las personas tuvieran acceso a alimentos saludables.

- En 2002, más de 30,000 salmones murieron al no poder completar su migración. Esto desencadenó una nueva ola de protestas, conocida como el movimiento "Liberen el río Klamath". Miembros tribales asistieron a las reuniones de accionistas de PacifiCorp desde Nebraska a Escocia. Ayunaron, rezaron y se manifestaron en canoas en el agua.
- En 2013, el Departamento del Interior resolvió que las presas debían demolerse. En 2023 y 2024 se demolieron. Actualmente se lleva a cabo un importante proyecto de restauración del hábitat. El salmón ha regresado a sus zonas de desove. Se han plantado billones de semillas para restaurar el ecosistema del río.

El primer día de escuela de Ruby Bridges (1960)

- En 1954, en el caso *Brown contra la Junta de Educación*, la Corte Suprema declaró ilegales las escuelas racialmente segregadas, pero aun así las prácticas discriminatorias en las escuelas continuaron. Ruby Bridges (1954–) se convirtió en la primera niña negra en asistir en el Sur a una escuela primaria que había sido solo para blancos.
- Los padres blancos no querían que sus hijos fueran a la escuela con Ruby, y muchos maestros blancos no querían darle clases. Todos los días, los aguaciles federales tenían que escoltar a Ruby a la escuela. En su camino a la escuela, la gente le gritaba y amenazaba su seguridad. Al principio, Ruby no se daba cuenta de que la gente estaba enojada. Pensaba que la animaban.
- El papá de Ruby perdió el trabajo. Los supermercados no le vendían alimentos a la mamá de Ruby. Desalojaron de su casa a sus abuelos. Ruby trabajaba con una sola maestra e iba sola a clases y al recreo. A pesar del trato que recibían ella y su familia, nunca faltó a clase.
- Otros estudiantes no tardaron en seguir el ejemplo de Ruby en otras escuelas. Su valentía fue un momento crucial en el movimiento por los derechos civiles. Un famoso cuadro de Ruby se exhibió en la Casa Blanca durante la presidencia de Barack Obama. El presidente Obama, el primer presidente negro de Estados Unidos, le dijo a Ruby: "Cabe decir que, si no fuera por ustedes, no estaría hoy aquí".

Barefoot Books quisiera agradecerles a los siguientes consultores por su ayuda en la creación de este libro:

a Jennifer Butler-Brown y Danielle S. Emerson por su aporte sobre la historia y la representación de las naciones indígenas,

a Susan Foster Jones (Concord Museum) por sus conocimientos de historia estadounidense,

a Ray Anthony Shepard por su punto de vista sobre la historia afroamericana y su representación,

a Anne Cohen por su consejo en cómo representar a las personas con discapacidades visibles.

Barefoot Books, 23 Bradford Street, 2nd Floor, Concord, MA 01742
Barefoot Books, 40-50 Tottenham Street, London, W1T 4RN

Publicado por primera vez en Estados Unidos de América por Barefoot Books, Inc
y en Gran Bretaña por Barefoot Books, Ltd en 2025. Esta edición en rústica en español se publicó en 2026

Diseño gráfico de Meaghan Elyse Lueck, Barefoot Books
Concepto, edición y dirección artística de Kate DePalma, Barefoot Books. Traducido por María A. Pérez
Reproducción de Bright Arts, Hong Kong. Impreso en Heshan, Guangdong, China. Junio de 2026
Para preguntas sobre seguridad, contacte a *productsafety@barefootbooks.com*
La composición tipográfica de este libro se realizó en Filson Pro y Londrina Solid. Las ilustraciones se realizaron en gouache

Edición en rústica en español ISBN 979-8-89859-217-2 | Libro electrónico en español ISBN 979-8-89859-367-4

Información de la catalogación de la Biblioteca Británica:
hay un registro de este libro en la Biblioteca Británica

La información de la catalogación de la Biblioteca del Congreso
para la edición en inglés se encuentra en LCCN 2024946636

1 3 5 7 9 8 6 4 2